Match Basket Roxane vendredi
Réu parents d'élèves collège lundi 26 18h.
40 ANS, ÇA SE FÊTE!
OYEUX
NIVERSAIRE!
0.60
REPUBLIQUE FRANÇAISE
Saillagouse (pyrénées-Orientales)
La place de l'église
Salut Dad
la colo, c'es supair,
on joue toute la
journée et on mange
mieu qua la maison.
je suis pas pressé
de rantré (a part
que vous me manqué)
Roxane
PANDA
DAD
ROXANE
BEBERENICE
ONDINE
W0214540
Casting pub vendi 15h30
rappeler boîte prod.
Pédiatre Bébérénice mardi 9h
3-45-12
2min prod CASTING voix

Nob

Dad

1 Filles à papa

DUPUIS

À Laurence, mon amour.
À Constance et Jules, nos deux amours.

DU MÊME AUTEUR

Bogzzz (*4 tomes, Glénat*)
Mon ami Grompf (*9 tomes, Glénat*)
Mamette (*6 tomes, Glénat*)
Les Souvenirs de Mamette (*3 tomes, Glénat*)
La Cuisine de Mamette (*Glénat*)
Le Lutin bon à rien (*P'tit Glénat*)
Slurp! (*avec Nicolas Digard, P'tit Glénat*)
L'Atelier Mastodonte (*collectif, 2 tomes, Dupuis*)

Dépôt légal : octobre 2017 – D.2017/0089/330
ISBN 978-2-8001-7389-4

Imprimé en Belgique par Lesaffre.

www.dupuis.com

DEBOUT! C'EST L'HEURE!
ALLEEEZ, ON SE PRESSE!
GNNN!
ÇA TRAÎNE, ÇA TRAÎNE!
FAUDRAIT PEUT-ÊTRE SE REMUER!
SALUT DAD...
ATTENDEZ !
VOUS POUVEZ VOUS RECOUCHER...
C'EST DIMANCHE!
HA HA HA! C'EST POUR TOUTES LES GRASSES MATINÉES QUE VOUS M'AVEZ GÂCHÉES !
HÛ HÛ HÛÛÛ!
VOUS ÊTES BIEN COMME VOS MÈRES...
... AUCUN SENS DE L'HUMOUR !
BOM BOM!

PFFF ...
LES FILLES !
J'TE LAISSE, MON PÈRE NOUS PÈTE ENCORE UN BOULON...
CALMOS, DAD ! À TON ÂGE, VA PAS RISQUER L'INFRACTUS !
ON DIT INFARCTUS !
BÛ ?
VOUS AVEZ VU CE BAZAR ?
MON LIVRE DE MATHS ! JE L'AI CHERCHÉ PARTOUT !
CRUNCH !
POUR LA NOUVELLE ANNÉE VOUS N'AVIEZ PAS PRIS LA RÉSOLUTION DE RANGER RÉGULIÈREMENT VOS AFFAIRES ?
HEU ...
HONNÊTEMENT, JE NE M'EN SOUVIENS PAS...
BIP BIP
ON N'A RIEN NOTÉ DANS LE PLANNING.
EN TOUT CAS, DAD, TOI T'AVAIS PRIS LA RÉSOLUTION DE FAIRE DU SPORT.
BÛ ?
CRUNCH CRUNCH
TOI AUSSI, T'AS DÛ OUBLIER !
HI HI HI !
M'OCCUPER DE VOUS QUATRE, C'EST DU SPORT DE HAUT NIVEAU !
PFFF !
ALLEZ, HOP ! ON RANGE !
OUAH, L'AUTRE ...
EN MAUVAISE FOI, C'EST LE PLUS FORT.

HOP !
OUF ...
HOP !
PUF ...
ALLEZ, DAD, DU NERF !
PAUSE, JE...
PFFF ...
J'EN PEUX PLUS...
DIX SECONDES, PAS PLUS !
ET C'EST PAS UNE RAISON POUR RIEN FAIRE ! FLEXIONS !
UN... DEUX... TROIS...
UN ...
DEUX ...
DIX ! ALLEZ, ON REPART !
ET CETTE FOIS, ON NE S'ARRÊTE PAS AU BOUT DE TROIS MINUTES !
JE VEUX CHANGER DE COACH !
TU CROIS QU'ILS EN ONT ENCORE POUR LONGTEMPS ?
LE TOUR DU PARC, ÇA FAIT UN PETIT KILOMÈTRE ...
...JE DIRAIS UNE BONNE HEURE.

LES FILLES !
DÉJÀ ?
VENEZ VITE, JE CROIS QUE DAD FAIT UN MALAISE !
RÂÂÂÂÂ...
LÀ !
DAD, RÉVEILLE-TOI !
LAISSE-MOI FAIRE !
BAF !
J'AI TOUJOURS RÊVÉ DE FAIRE ÇA.
AH... MON COEUR !
ADIEU, MES FILLES... MA JOIE AURA ÉTÉ DE VOUS ÉLEVER...
...DITES À VOS MÈRES QUE JE LES AI TOUTES AIMÉES !
BON, J'APPELLE LES POMPIERS.
ATTENDS, J'AI MIEUX...
PIN POON PIN POOON
VOUS VOUS FICHEZ DE MOI, C'EST ÇA ?
3.

URGENCES
URGENCES
LES RÉSULTATS NE MONTRENT RIEN DE PARTICULIER.
PEUT-ÊTRE JUSTE UN PETIT COUP DE FATIGUE, ALLEZ-Y DOUCEMENT SUR LE SPORT.
MAIS JE VOUS RASSURE, VOTRE COEUR VA TRÈS BIEN !
DOMMAGE...
... J'AURAIS AIMÉ DEVOIR VOUS LE CONFIER, HÉ HÉ !
TREUH REUH !
CELA DIT, VOUS AVEZ ATTRAPÉ UNE BONNE ANGINE.
TEUREU REUHH !
JE VOUS PRESCRIS QUELQUE CHOSE ...
DU REPOS ET... DES SUPPOSITOIRES ?
RRRR ZZZZ...
GÉNIAL, ON EST OBLIGÉES D'APPLIQUER NOS BONNES RÉSOLUTIONS ...
... PENDANT QUE MONSIEUR PASSE LA SIENNE AUX OUBLIETTES !
IL EST FORT.
TRÈS FORT.

ONDINE
ÉVIDEMMENT...
C'EST TOI QUI AVAIS **ENCORE** PIQUÉ MA BROSSE À CHEVEUX !
BEURK, Y A DES CHEVEUX ROSES PARTOUT.
UNE BROSSE, C'EST PERSO ! T'AS PAS LA TIENNE ?
JE SAIS PLUS OÙ JE L'AI MISE !
AVEC LA NOUVELLE ORGANISATION DANS LA SALLE DE BAINS, C'EST POURTANT SIMPLE...
... T'AS BESOIN D'UN GPS ?
PFFFF...
CHACUN SON CASIER, CHACUN SES AFFAIRES.
NOIR POUR MOI, VERT POUR TOI, ROUGE POUR ROXANE, ROSE POUR BÉBÉRENICE...
MAIS OUI ! J'AVAIS MIS MA BROSSE DANS LE CASIER BLEU !
CELUI DE DAD.
VOILÀ ! Y A MÊME MON SHAMPOING !
CELUI QUI COLORE LES CHEVEUX...
BONJOUR MADAME CROCHON...
... FRISQUET AUJOURD'HUI, NON ?
MMF !
GNMMUFF PONK !
NOB

LES FILLES, ON REGARDE UN FILM CE SOIR ?
OUAiiis!
SHOPETTE
UN FILM DE SUPER-HÉROS !
AH NON, Y EN A MARRE DE TES FILMS DE BAGARRE !
SUR MA CLÉ USB, J'AI UN FILM AVEC UNE FILLE QUI RENCONTRE UN GARÇON ET...
ENCORE UNE NIAISERIE !
JE CROIS QUE BÉBÉRENICE VEUT VOIR "LAPINOT ET LES CAROTTES MAGIQUES"...
SMOUTCH SMOUTCH!
JE CROIS QUE BÉBÉRENICE, ELLE VA ALLER SE COUCHER !
TATATA ! JE SAIS CE QUI PLAIRA À TOUTE LA FAMILLE !
..."LA RUÉE VERS L'OR", DE CHAPLIN !
QUOI ? MAIS C'EST EN NOIR ET BLANC !
ET C'EST MUET !
BIEN LA PEINE D'AVOIR UN HOME CINEMA.
MAIS ENFIN, VOUS PARLEZ D'UN CHEF-D'ŒUVRE DU CINÉMA !
DEPUIS LE TEMPS QU'ON N'A PAS PASSÉ UN VRAI BON MOMENT ENSEMBLE...
...ON VA RIGOLER !
RRRR ZZZZ...
RRR...
CRASH WIZZ PLONK RATATAK
MON AMOUR!
BIP BIP BIP

PFFFF...
PFFFF...
ET C'EST BÉBÉRENICE QUI REMPORTE LA PARTIE !
PERFECT !
À MON ÉPOQUE, FALLAIT SE SERVIR DE **SA TÊTE** POUR GAGNER AUX JEUX VIDÉO !
PAUVRE DAD, COMME TU DEVAIS TROP T'ENNUYER !
J'ADORE CE JEU DE DANSE !
LET'S GO !

OUI, BÉBÉRÉNICE ...
... TU ES CONTENTE D'ALLER CHERCHER TA SOEUR DANS LE PORTE-BÉBÉ !
CLIC!
HÉ HÉ, MOI AUSSI !
12
GROUPE SCOLAIRE René GOSCINNY
TU SAIS, DAD, C'EST BÉBÉRÉNICE QU'ELLES REGARDENT, PAS TOI...
JE SAIS !
MAIS J'AI BIEN LE DROIT DE RÊVER, NON ?

BONJOUR MONSIEUR, JE VIENS CHERCHER ONDINE POUR ALLER AU COLLÈGE...
QUOI?
BONJOUR, HEU... CHERCHER ONDINE POUR HEU... COLLÈGE ...
ALLÔ, ALLÔ ? Y A PAS DE RÉSEAU, ÇA COUPE !
IL FAUT AR-TI-CU-LER, JEUNE HOMME. LA BOUCHE, ÇA SERT PAS QU'À ESSAYER D'EMBRASSER LES FILLES !
DAD !
QUOI ? J'AI LE DROIT DE SAVOIR CE QU'UN GARÇON PEUT TE VOULOIR !
ÇA VA, C'EST JUSTE UN COPAIN.
T'AS VU SA TÊTE ?
IL EST PLEIN DE BOUTONS, JE VAIS PAS SORTIR AVEC UNE CALCULETTE !
TU TE BOUGES, TOI ? ET N'OUBLIE PAS MON SAC DANS L'ENTRÉE.
OUI. HEU... HÉ HÉ !
PFFFF ...
MON PAUVRE GARS.
COURAGE. MOI AUSSI JE SUIS PASSÉ PAR LÀ, TU SAIS ...
... TU AS ENCORE QUELQUES ANNÉES POURRIES DEVANT TOI, MAIS UN JOUR, ÇA IRA MIEUX, TU VERRAS.
QUE LA FORCE SOIT AVEC TOI, JEUNE PADAWAN !
IL EST BIZARRE, TON PÈRE.
TU ME CAUSES ?

"Ô, COMBIEN DE MARINS, COMBIEN DE CAPITAINES."
"QUI SONT PARTIS JOYEUX POUR DES COURSES LOINTAINES."
AH, ÇA SENT LE CASTING ...
C'EST UN ROC, C'EST UN CAP !
T'OUBLIERAS PAS LES BONBONS À LA MENTHE ?
BON, J'Y VAIS.
CROISEZ LES DOIGTS, LES FILLES !
ON CROIT EN TOI, DAD, EN ROUTE POUR L'OSCAR !
MERCI MA CHÉRIE !
IL PASSE UN CASTING DE QUOI, DAD ?
BOARF...
... ENCORE UNE PUB OÙ ON LE VERRA DEUX SECONDES !
À LA LIMITE, JE PRÉFÈRE ...
LA FOIS OÙ IL A EU UN VRAI RÔLE, DANS LA PUB CONTRE LE RHUME, C'ÉTAIT LA HONTE !
OUAIS, QUAND IL M'AMENAIT À L'ÉCOLE, TOUT LE MONDE CRIAIT "C'EST LE MEC QUI RENIFLE" !
CRONCH CRONCH !
AU COLLÈGE, ON M'A CHANTÉ "QUAND ÇA BOUCHE, JE MOUCHE !" TOUT LE TRIMESTRE !
HONNÊTEMENT, JE NE PENSE PAS QU'IL PUISSE FAIRE PIRE !
SLIPS KANGOOROO
Ouate Else ?
Pour le mâle normal
FOOD
BIO
Ouate Else ?
MAIS ENFIN, ROXANE, LES PIÉTONS N'ONT PAS BESOIN D'UN CASQUE MOTO !

JE N'EN AI PAS POUR LONGTEMPS, LES FILLES !
PTUU !
HAN!
ET VOILÀ !
DEMAIN, JE M'OCCUPERAI DES MEUBLES.
RAAAH ! C'EST QUOI CE BAZAR ?
PARFOIS, JE ME DEMANDE VRAIMENT SI L'HOMME VA EN PROGRESSANT...
ZÖRG
OOKIA

BOUCLE D'OR POUSSA UN CRI ET S'ENFUIT À TOUTES JAMBES, LES TROIS OURS STUPÉFAITS NE LA REVIRENT PLUS JAMAIS.
DODO MAINTENANT, MON BÉBÉ !
HÉ, DAD, TU ME RACONTES UNE HISTOIRE AUSSI ?
MAIS ROXANE, TU SAIS LIRE !
ALLEZ ! COMME QUAND J'ÉTAIS PETITE !
ALORS SPIDERMAN BONDIT DU GRATTE-CIEL...
DAD ?
... PEUT-ÊTRE QUE SI LEÓN CROYAIT QUE JE SORTAIS AVEC TOMÀS, IL FERAIT PLUS ATTENTION À FRANCESCA, MA MEILLEURE AMIE ?
MAIS POURQUOI MOI, JE N'ARRÊTE PAS DE PENSER À LUI ?
BONNE NUIT MA GRANDE !
BEN... QU'EST-CE QU'IL Y A ?
CE MODÈLE ÉCONOMIQUE EXPLIQUE LE SENS DE L'ÉCHANGE INTERNATIONAL EN DÉVELOPPANT UN MODÈLE À FACTEURS SPÉCIFIQUES (OU ANALYSE NÉOFACTORIELLE). L'AUGMENTATION DE LA VALEUR D'ÉCHANGE D'UN BIEN (PRIX RELATIF) CONDUIT À UNE AUGMENTATION DE LA RÉMUNÉRATION RÉELLE DU...
N o b

PFFF... JE COMPRENDS RIEN À CE PROBLÈME !
DAD ?!
TOI QU'ÉTAIS FORT EN MATHS, TU PEUX PAS M'AIDER ?
HEUUU...
JE DOIS PRÉPARER LE REPAS... TU PEUX PAS PLUTÔT DEMANDER À TA GRANDE SOEUR ?
ELLE FAIT DU BABY-SITTING CE SOIR...
...ET PUIS ELLE VEUT JAMAIS M'AIDER...
BON, FAIS VOIR ÇA...
MMH, MMH...
MATHS
EH BIEN, C'EST SIMPLE, C'EST...
HEU...
PFFF... C'EST DU NIVEAU COLLÈGE, ÇA ?
ÉCOUTE, TA SOEUR A RAISON, IL FAUT APPRENDRE À SE DÉBROUILLER SEUL DANS LA VIE !
MON PAUVRE PAPOUNET, TU AS DÉJÀ OUBLIÉ TOUS TES COURS DU COLLÈGE ...
... J'ESPÈRE QUE CE N'EST PAS UN DÉBUT D'ALZHEIMER !
RVAAA
ON MANGE QUAND ?
T'AS QU'À T'OUVRIR UN PAQUET DE CHIPS, DAD EN A AU MOINS POUR LA SOIRÉE, LÀ.

"PLONGER LES OS À MOELLE ET PORTER À ÉBULLITION"...
HÉ, DAD ! JE MEURS DE FAIM, ON MANGE QUOI CE SOIR ?
DU POT-AU-FEU, ON VA SE RÉGALER !
UNE RECETTE DE MA GRAND-MÈRE QUE JE ...
PLUS TROP FAIM EN FAIT...
ON PEUT QUAND MÊME PAS MANGER DES PÂTES TOUS LES JOURS !
C'EST VRAI QU'ON VA MANGER UN POTE AU FEU ?
UN POT-AU-FEU. AVEC DE LA BONNE VIANDE DU BOUCHER !
TU SAIS, MOI, JE SUIS PAS TRÈS VIANDE ...
ÇA TOMBE BIEN. C'EST AUSSI PLEIN DE LÉGUMES.
JE SUIS PAS TROP, TROP LÉGUME...
ÇA SENT BIZARRE ICI...
...UN PEU COMME UN VIEUX PROUT DE CHIEN MORT.
BLEUARGL !
OUAIIIS ...
DES PÂTES ...
ÇA CHANGE ...
14

OUI, ON VA Y ALLER, AU TOBOGGAN ...
SMOUTCH SMOUTCH !
MAIS D'ABORD, LE GOÛTER !
SMOUTCH ...
MMMH ! IL A L'AIR BON, CE PETIT POT !
MIAM !
CLOC !
ALLEZ ...
... ON OUVRE LA BOUCHE !
AAAAH !
SI C'EST COMME ÇA, C'EST PAPA QUI VA LE MANGER...
AAAAH !
MMMH !
CH'EST BON !
C'EST MÊME SUPER-BON !
MMÉÉÉ !
SLURP MIAM
HA HA !
TU AS CHANGÉ D'AVIS ?
MIAM MIAM !
LE PROBLÈME, HEU...
... C'EST QUE PAPA A TOUT MANGÉ.

QU'EST-CE QUE TU FICHES DANS MA CHAMBRE ?
ONDINE
MON JOURNAL INTIME !
HI HI HI !
GARCE ! TU L'AS LU ?
"OH, MATTEO, IL EST TROP BEAU, JE RÊVE DE SES PECTORAUX !"
HO HO !
J'VAIS TE FAIRE BOUFFER TA COUETTE !
AU SECOURS !
HÉÉÉ !
QU'EST-CE QUI SE PASSE, ENCORE ?
C'EST ONDINE ! ELLE VEUT ME TAPER !
ELLE A LU MON JOURNAL !
BEN T'AS QU'À MIEUX RANGER TES AFFAIRES !
JUSTEMENT ! CE SONT MES AFFAIRES !
ASSEZ !
ROXANE, JE SUIS D'ACCORD, CE N'EST PAS BIEN CE QUE TU AS FAIT.
MAIS ...
ONDINE, RETOURNE DANS TA CHAMBRE, JE DOIS PARLER À TA SOEUR.
ALORS, ENTRE NOUS ...
... ELLE RACONTAIT QUOI, DANS SON JOURNAL ?

COLLÈGE Pierre CULLIFORD
HÉ, M'SIEUR ! SI VOUS CHERCHEZ ONDINE, ELLE ATTEND À L'ARRÊT DE BUS.
CHUUUT, CHARLES-HENRI ! JE SUIS LÀ INCOGNITO !
MOI, C'EST FRANÇOIS-XAVIER ...
MAIS VOUS POUVEZ M'APPELER EFIX.
ET VOUS FAITES QUOI EN FAIT, INCOGNITO ?
JE SURVEILLE LES FRÉQUENTATIONS DE MA FILLE.
TU COMPRENDRAS QUAND TU SERAS PÈRE, JEAN-ROBERT.
POUR ÇA, FAUDRAIT DÉJÀ QUE J'EMBRASSE DES FILLES.
C'EST QUI CE BELLÂTRE AVEC ONDINE ?
AH... C'EST MATTEO BARBOTTI. J'SAIS PAS CE QU'ELLES ONT TOUTES AVEC LUI...
IL A REDOUBLÉ DEUX FOIS.
C'EST DONC LUI LE FAMEUX MATTEO DONT ELLE PARLE DANS SON JOURNAL INTIME !
QUOI ?
J'Y CROIS PAS ! VOUS LISEZ LE JOURNAL INTIME DE VOTRE FILLE ?
ÇA SE FAIT PAS, M'SIEUR, C'EST LA VIE PRIVÉE, ÇA !
OH, C'EST BON ! TU FERAS PAREIL QUAND TU AURAS DES ENFANTS !
JAMAIS. J'AI MA MORALE.
ET SINON ...
... ELLE PARLE DE MOI DANS SON JOURNAL ?

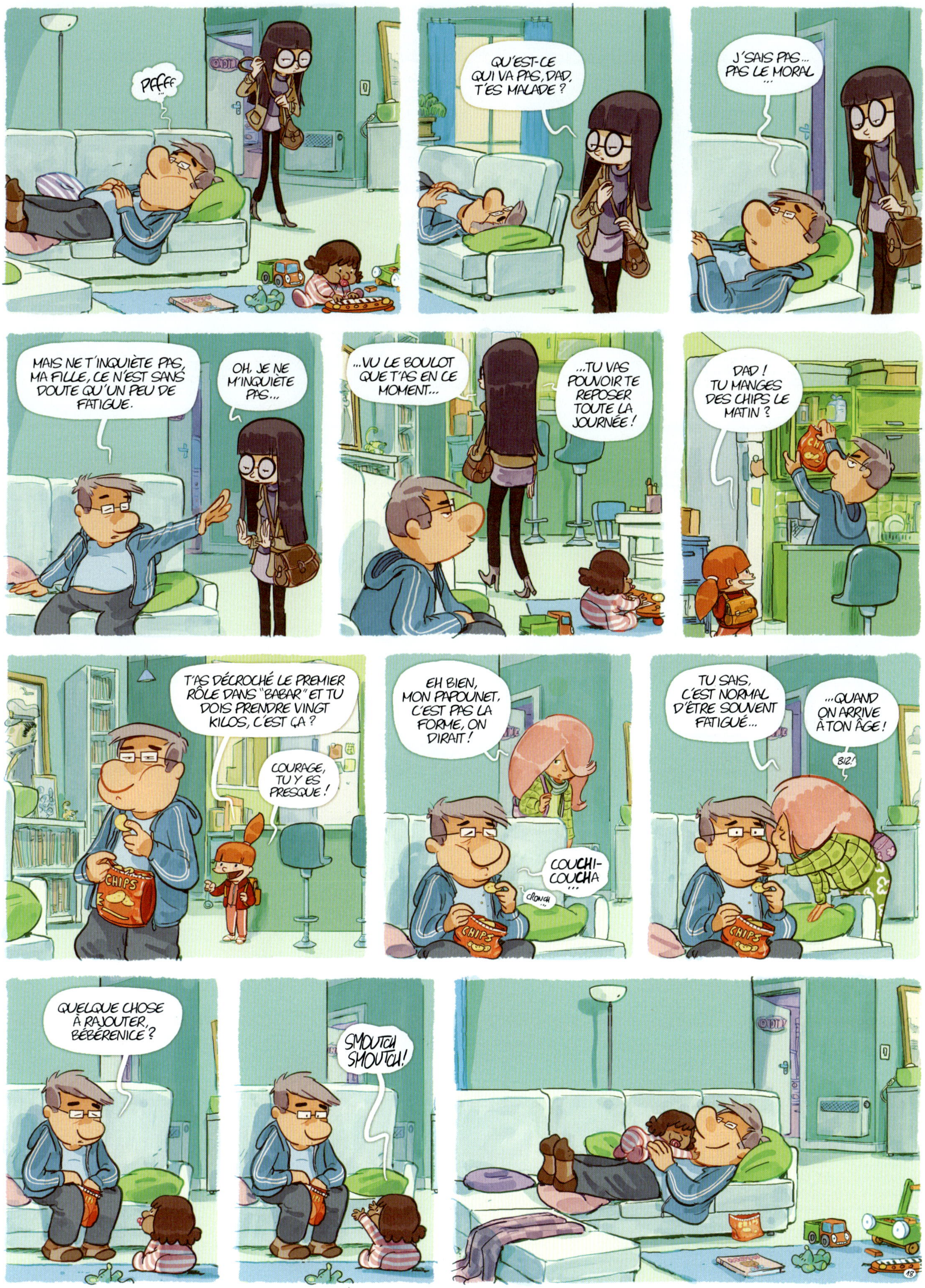
PFFFF...
QU'EST-CE QUI VA PAS, DAD, T'ES MALADE ?
J'SAIS PAS... PAS LE MORAL...
MAIS NE T'INQUIÈTE PAS, MA FILLE, CE N'EST SANS DOUTE QU'UN PEU DE FATIGUE.
OH, JE NE M'INQUIÈTE PAS...
...VU LE BOULOT QUE T'AS EN CE MOMENT...
...TU VAS POUVOIR TE REPOSER TOUTE LA JOURNÉE !
DAD ! TU MANGES DES CHIPS LE MATIN ?
T'AS DÉCROCHÉ LE PREMIER RÔLE DANS "BABAR" ET TU DOIS PRENDRE VINGT KILOS, C'EST ÇA ?
COURAGE, TU Y ES PRESQUE !
CHIPS
EH BIEN, MON PAPOUNET, C'EST PAS LA FORME, ON DIRAIT !
COUCHI-COUCHA...
CRONCH...
CHIPS
TU SAIS, C'EST NORMAL D'ÊTRE SOUVENT FATIGUÉ...
...QUAND ON ARRIVE À TON ÂGE !
BIZ!
CHIPS
QUELQUE CHOSE À RAJOUTER, BÉBÉRENICE ?
SMOUTCH SMOUTCH!

SNIFFF SNIF...
ONDINE
ONDINE ? ÇA NE VA PAS ?
SI, JE...
BOUHOU HOUUSNIF !
ÇA N'A PAS L'AIR ...
TU SAIS, TU PEUX TOUT RACONTER À TON PAPA, MÊME TES PEINES DE COEUR !
COMMENT TU SAIS ?
INTUITION MASCULINE... ET UN PEU D'EXPÉRIENCE EN LA MATIÈRE !
SNIRFL !
LAISSE-MOI DEVINER : TU ES AMOUREUSE D'UN GARÇON, MAIS CETTE ORDURE T'A LAISSÉE TOMBER POUR TA MEILLEURE AMIE !
C'EST ÇA !
DÉÇUE EN AMOUR, TRAHIE EN AMITIÉ...
OUI.
...LA DOUBLE PEINE, QUOI.
HEUREUSEMENT, J'AI UN SUPER-PAPOUNET QUI COMPREND TOUT !
LA FAMILLE SERT À ÇA !
DE TOUTE FAÇON, TU NE PERDS RIEN, JE LE SENTAIS PAS, CE MATTEO.
COMMENT TU CONNAIS MATTEO, JE NE T'AI JAMAIS PARLÉ DE LUI...
HEU... INTUITION MASCULINE !
TU AS LU MON JOURNAL INTIME, JE TE DÉTESTE !
ONDINE
AH NON !
TA SOEUR ME L'A LU, NUANCE !
?
34

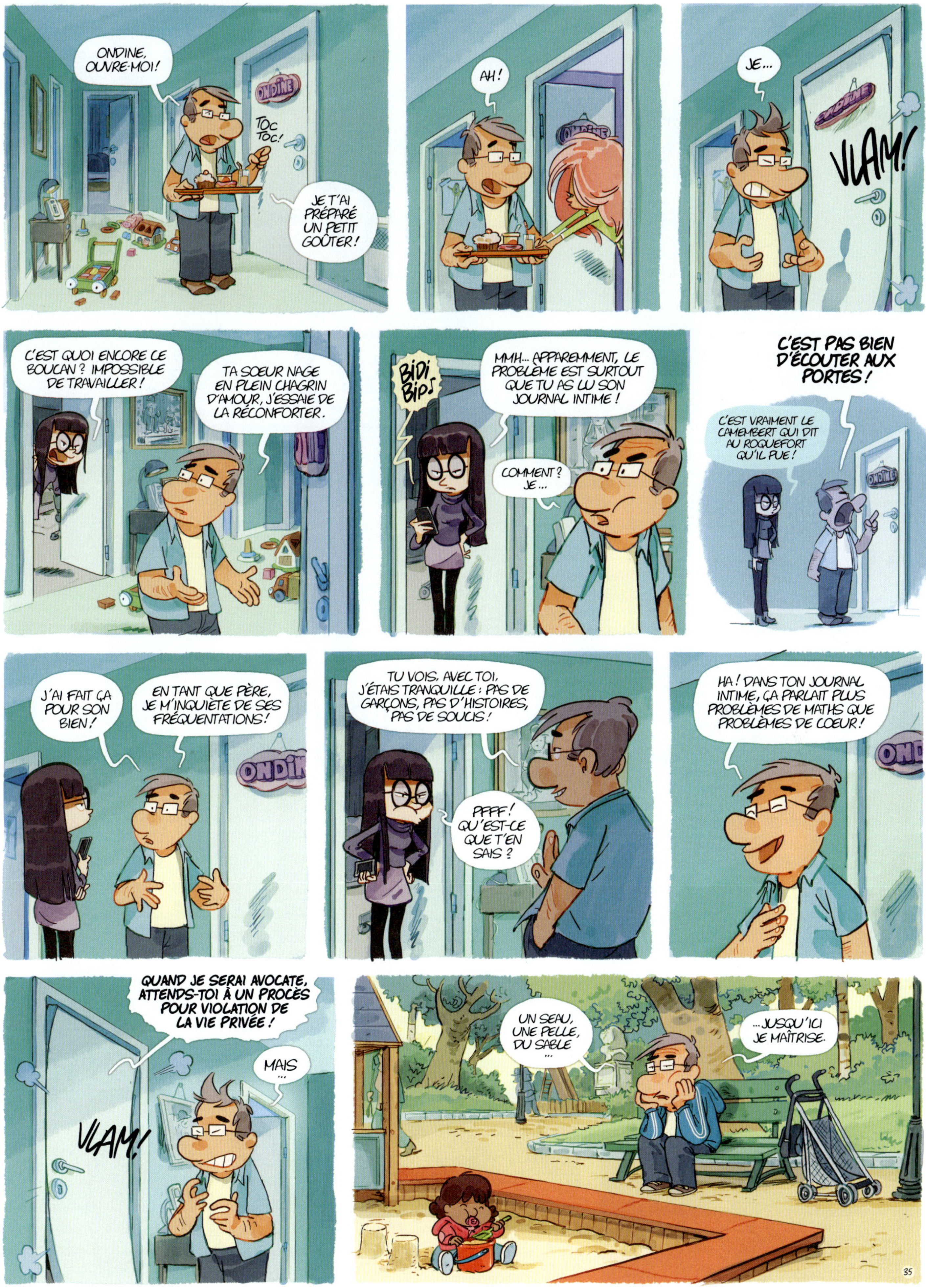

ONDINE, OUVRE-MOI !
ONDINE
TOC TOC !
JE T'AI PRÉPARÉ UN PETIT GOÛTER !
AH !
ONDINE
JE...
ONDINE
VLAM !
C'EST QUOI ENCORE CE BOUCAN ? IMPOSSIBLE DE TRAVAILLER !
TA SOEUR NAGE EN PLEIN CHAGRIN D'AMOUR, J'ESSAIE DE LA RÉCONFORTER.
BIDI BIP♪
MMH... APPAREMMENT, LE PROBLÈME EST SURTOUT QUE TU AS LU SON JOURNAL INTIME !
COMMENT ? JE...
C'EST PAS BIEN D'ÉCOUTER AUX PORTES !
C'EST VRAIMENT LE CAMEMBERT QUI DIT AU ROQUEFORT QU'IL PUE !
ONDINE
J'AI FAIT ÇA POUR SON BIEN !
EN TANT QUE PÈRE, JE M'INQUIÈTE DE SES FRÉQUENTATIONS !
ONDINE
TU VOIS, AVEC TOI, J'ÉTAIS TRANQUILLE : PAS DE GARÇONS, PAS D'HISTOIRES, PAS DE SOUCIS !
PFFF ! QU'EST-CE QUE T'EN SAIS ?
HA ! DANS TON JOURNAL INTIME, ÇA PARLAIT PLUS PROBLÈMES DE MATHS QUE PROBLÈMES DE COEUR !
QUAND JE SERAI AVOCATE, ATTENDS-TOI À UN PROCÈS POUR VIOLATION DE LA VIE PRIVÉE !
MAIS ...
VLAM !
UN SEAU, UNE PELLE, DU SABLE ...
...JUSQU'ICI JE MAÎTRISE.
35

PANDA, JE VAIS ME COUCHER... TU TRAVAILLES ENCORE ?
NON, JE FAIS UN TENNIS.
J'AI TROIS PAGES DE COURS D'ANALYSE FINANCIÈRE À APPRENDRE ET UN DEVOIR D'ÉCONOMIE À TERMINER, J'EN AI POUR LA NUIT.
BEN DIS DONC...
TU SAIS, TRAVAILLER, C'EST BIEN, MAIS IL FAUT SAVOIR SE REPOSER AUSSI.
ON FAIT LA PAIRE, ALORS.
CELA DIT, QUAND J'ÉTAIS ÉTUDIANT, JE DORMAIS PAS BEAUCOUP NON PLUS !
ON PEUT DIRE QUE J'EN AI PASSÉ DES NUITS BLANCHES...
...À FAIRE LA FÊTE !
♫PUMP UP ♫THE JAM♫
PUMP IT UP♫
DAD ...
♫BALATOU PORTO♫ EGRIAMACARENA
HÉÉÉÉÉ MACARENA !
DAD !
J'AI DU BOULOT ! ET C'EST PAS EN DANSANT LA MACARENA QU'ON RÉUSSIT DANS LA VIE !
ON CROIRAIT ENTENDRE TA MÈRE.
PFFFF ! N'IMPORTE QUOI...
CROIS-MOI, PANDORA ...
... CE N'EST PAS EN DANSANT LA MACARENA QUE JE SUIS DEVENUE MAIRE DE CETTE VILLE !
JE SAIS, M'MAN.
22

BIP!
BIP!
EXCUSEZ-MOI, MAIS...
...ON NE S'EST PAS DÉJÀ VUS QUELQUE PART ?
SI LES FEMMES SE METTENT À CE VIEUX PLAN DRAGUE, QUE NOUS RESTE-T-IL ?
HÉ HÉ !
"LE FEU DANS LA GLACE" ! C'ÉTAIT VOUS LE HÉROS !
VOUS CONNAISSEZ CE FILM ?
JE SUIS FAN ! JE L'AI VU DES DIZAINES DE FOIS !
C'EST QUE ÇA DATE UN PETIT PEU...
...J'ÉTAIS TOUTE PETITE, MA MÈRE VOUS ADORAIT !
VOUS ÉTIEZ LE JEUNE ACTEUR À LA MODE, À L'ÉPOQUE. JE NE VOUS AI PAS RECONNU TOUT DE SUITE.
VOUS ÊTES PLUS...
ENFIN MOINS ...
ET SINON, VOUS AVEZ FAIT QUOI, DEPUIS ?
AU MOINS, T'AS FAIT LES COURSES.
CRONCH!

WAAAAAA
VOILÀ, VOILÀ !
FFF!
WAAOUIIINNN
IL ARRIVE, LE BIBERON, IL ARRIVE !
MAIS QUEL GROS CHAGRIN, OUH LA LÀÀÀ !
OUIIINN...
C'EST QU'ELLE A UNE GROSSE FAIM, MA BÉBÉRENICE !
AAAH !
LÀÀÀ...
DOUCEMENT. DOUUUUCEMENT...
GLOU GLOU GLOU !
QUELLE GOULUE !
TU AS BU TROP VITE !
RRR...
ALLEZ, LE ROTOTO, MAINTENANT...
RRRR ZZZZ...
HO HÉ ! FAUT PAS S'ENDORMIR !
LE ROTOTO !
TAP TAP TAP !
BRÔÔÔÔ
VOILÀÀÀ !
ÇA C'ÉTAIT UN BEAU ROTOTO, HEIN, MON BÉBÉ !
Nob

AH, C'EST TOI, PIERRE-HENRI.
FRANÇOIS-XAVIER.
EFIX.
SI TU VIENS VOIR ONDINE, JE TE PRÉVIENS, ELLE EST PAS EN SUPER-FORME.
ONDINE ! JICÉ POUR TOI.
CHOUETTE.
EH, ONDINE, ÇA TE DIT DE... ENFIN, JE VEUX DIRE QUE...
...ENFIN...
JAMAIS TU FINIS TES PHRASES ?
J'AI DEUX PLACES DE CINÉ, LA SÉANCE 3D À 16 H...
...TU... TU VEUX VENIR ?...
GLPS
...AVEC MOI ?
J'AIME PAS LA 3D, ÇA FAIT MAL AUX YEUX. ET DE TOUTE FAÇON, J'SUIS PAS PRÊTE...
AH...
EN MI MUNDO
MA... MATTEO ?
AU PARC DANS DIX MINUTES ? TU AS BESOIN DE ME PARLER ?
BIEN SÛR !
J'ARRIVE !
VLAM !
C'EST QUOI LE FILM ?
C'EST QUAND MÊME VRAI QUE LA 3D, ÇA PIQUE LES YEUX, TU TROUVES PAS, JEAN-KEVIN ?
FRANÇOIS-XAVIER...
EFIX.
SNIRFL !
37

TU SAIS, QUAND J'AVAIS TON ÂGE, JE ME DÉBROUILLAIS PAS MAL AU BASKET !
HOP ! FAUTE D'INATTENTION, JE PIQUE LA BALLE !
HÉ !
DRIBBLE ARRIÈRE !
ENTRE LES JAMBES...
ROULÉ-BOULÉ !
HOP !
REPRISE DE DRIBBLE !
JE CHARGE !
PUF !
PUF PUF !
SMASH !
DUNK !
HÉ ! HÉ ! J'AI PAS ...
PUF !
PUF !
...PERDU TANT QUE ÇA !
PUF !
BIEN. MAINTENANT QUE TU T'ES ENTRAÎNÉ SUR LE TERRAIN DES BABYS...
...ON PEUT PEUT-ÊTRE ALLER JOUER SUR LE VRAI.
21

PANDA, TU PEUX REGARDER MON COU ?
JE SENS UN TRUC BIZARRE ...
T'AS UN BOUTON.
IL EST PAS BEAU. C'EST SANS DOUTE CANCÉREUX.
ON NE RIGOLE PAS AVEC CES CHOSES-LÀ !
HIN HIN !
ÇA POURRAIT ÊTRE VRAI !
ATHENEE
SANTÉ.com
QUI SAIT COMBIEN DE TEMPS IL ME RESTE...
LE TORTICOLIS, COMPTEZ UNE BONNE SEMAINE.
LA PIQÛRE DE MOUSTIQUE, ELLE, DEVRAIT BIENTÔT DISPARAÎTRE.
32

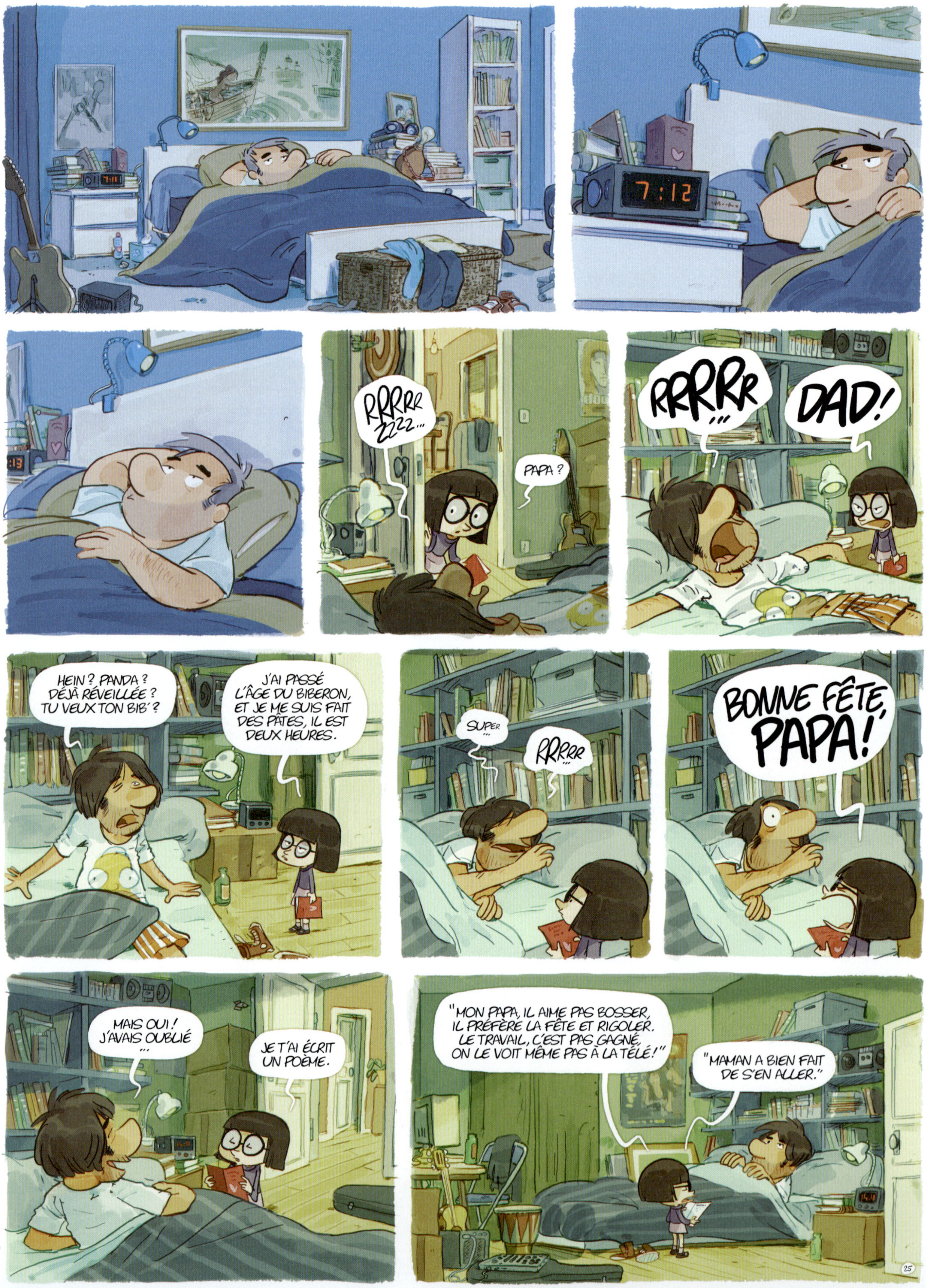
RRRRR
ZZZZ...
PAPA ?
RRRRR
...
DAD!
HEIN ? PANDA ?
DÉJÀ RÉVEILLÉE ?
TU VEUX TON BIB' ?
J'AI PASSÉ
L'ÂGE DU BIBERON,
ET JE ME SUIS FAIT
DES PÂTES, IL EST
DEUX HEURES.
SUPER
...
RRRRR
...
BONNE FÊTE,
PAPA!
MAIS OUI !
J'AVAIS OUBLIÉ
...
JE T'AI ÉCRIT
UN POÈME.
"MON PAPA, IL AIME PAS BOSSER,
IL PRÉFÈRE LA FÊTE ET RIGOLER.
LE TRAVAIL, C'EST PAS GAGNÉ,
ON LE VOIT MÊME PAS À LA TÉLÉ !"
"MAMAN A BIEN FAIT
DE S'EN ALLER."

"MON PAPA EST PAS PARFAIT, MAIS C'EST MON PAPA ET JE L'AIME COMME ÇA."
TIENS, SI TU VEUX LE GARDER.
UN BISOU ?
TU SENS MAUVAIS DE LA BOUCHE !
…TU… TU ES SÛRE QUE C'EST POUR MOI ?
dad
POURQUOI ? IL TE PLAÎT PAS, MON COLLIER ?
IL EST MAGNIFIQUE ! C'EST JUSTE QUE…
…C'EST ORIGINAL POUR UN PAPA !
EN FAIT, HEU…
I'm dad
ON AVAIT FAIT UN CENDRIER POUR LA FÊTE DES PÈRES, MAIS IL ÉTAIT MOCHE …
…ET DE TOUTE FAÇON, C'EST MAMAN QUI FUME.
I'm your dad
26

JE L'ADORE, CE COLLIER, IL ME VA SUPER !
TU VAS LE PORTER ?
ET POUR TON ANNIVERSAIRE, JE FERAI LE BRACELET QUI VA AVEC !
C'EST TRÈS JOLI, ROXANE !
F'EST UN POT À CRAYONS ...
JE LE GARDERAI SUR MON BUREAU.
... POUR TES FTYLOS !
COMME ÇA, JE PENSERAI À TOI CHAQUE FOIS QUE JE VERRAI TA PETITE MAIN !
TU VAS BEAUCOUP PENFER À MOI ALORS.
AH OUI ?
OH OUI !
27

TU CROIS QU'IL EST RÉVEILLÉ ?
J'AI CRU ENTENDRE DU BRUIT.
TU PARLES, SANS DOUTE DES RONFLEMENTS.
RRRR ZZZZ...
JE L'AVAIS DIT.
TANT PIS, ALLONS-Y !
BONNE FÊTE, DAD !
HEIN ?
GNONE A' !
JE N'Y PENSAIS PLUS DU TOUT !
COMME D'HABITUDE.
BÉBÉRENICE A UN PETIT CADEAU.
VOYONS, QU'EST-CE QUE C'EST ?
OUUUH ! UN CAILLOU PEINT !
ET SEC !
TIENS, T'AS DORMI AVEC TES LUNETTES ?
HEIN ?
TES LUNETTES ...
J'AI DÛ OUBLIER DE LES ENLEVER HIER SOIR.
MON PAUVRE DAD, ON SE DEMANDE CE QUE TU N'AS PAS OUBLIÉ !
SHO

bio land
CRÈCHE Les Titous
DES ANNÉES D'ENTRAÎNEMENT ...

NIFFLL... SNIRFL!
GRAT GRAT!
FFFRTT FFFRRT!
SNIRFLL!
SPRRRCHT
CHTONG!
HEM ...
ROXANE ! ÇA... ÇA FAIT LONGTEMPS QUE TU ES RENTRÉE ?
SUFFISAMMENT.
OK, J'AVOUE ...
... JE NE SUIS PAS LE PÈRE PARFAIT QUE TU CROYAIS.

TU VOIS, BÉBÉRENICE, TU REMPLIS TON PETIT SEAU DE SABLE...
ET HOP ! UN SUPER-PÂTÉ !
MAINTENANT, TOUTE SEULE !
JE TE REGARDE ...
OUIIIN !
OUUINNN !
EH LÀ ! FAUT PAS SE GÊNER !
DIS DONC, BONHOMME, IL EST PAS À TOI CE SEAU, ALORS TU LE RENDS À LA PETITE FILLE !
SPRRT !
BELLE ÉDUCATION ! ILS SONT PAS LÀ, TES PARENTS ?
BON, ÇA SUFFIT, LE SALE GOSSE, TU VAS ME RENDRE CE SEAU, MAINTENANT !
NON !
OUIIIIIIN !
WOOOU !
... QUELLE VOIX !
T'EN FAIS PAS...
...IL VA BIEN FINIR PAR SE LASSER.
24
N o b

ONDINE, ON VA MANGER ...
...TU PEUX APPELER PANDA, S'IL TE PLAÎT ?
TIP TIP TIP TIP TIP TIP
BIDI BIP!
ELLE TERMINE UN TRUC ET ELLE ARRIVE!
NE ME DIS PAS QUE TA SOEUR ET TOI VENEZ DE COMMUNIQUER PAR SMS ?
HEU... SI, POURQUOI ?
TA SOEUR QUI SE TROUVE DANS SA CHAMBRE À TROIS MÈTRES D'ICI ?
JE VOIS PAS LE PROBLÈME ...
NON MAIS JE RÊVE!
QU'EST-CE QUI SE PASSE ?
DAD DÉCOUVRE LA MODERNITÉ.
TIP TIP TIP TIP TIP
BIDI BIP!
HI HI!
TIP TIP TIP TIP TIP
HI HI!
BIDI BIP!
HA HA!
DAD, TU PEUX ME PASSER LE SEL ?
JE NE RÉPONDS QU'AUX E-MAILS.
31.

MONSIEUR?
JE VOUS AI DÉJÀ DIT QUE LES PARENTS DEVAIENT ATTENDRE LEUR ENFANT À L'ENTRÉE DE LA CRÈCHE !
MONSIEUR, JE VOUS VOIS !
36

RRRzzz...
OUIIIIIIIINNN!
VOILÀÀÀ...
J'ARRIVE...
?
MMPFF...
DÛ RÊVER...
GRAT GRAT
MMH!
OOUIIINN!
GRMBL
PFFFF...
HI HI! ENCORE?
OUI, MAIS CETTE FOIS, C'EST MOI QUI PLEURE!
DÉSOLÉ, LES FILLES...
... MAL DORMI CETTE NUIT, PAS EU LE COURAGE DE PRÉPARER LE POT-AU-FEU!
ZUT ALORS, ON SE RÉJOUISSAIT TELLEMENT!
HI HI!

À DADA SUR PAPA!
HAHA!
ENCORE ?
À... DA!
C'EST QUE... IL A UN PEU MAL AU DOS, LE CHEVAL!
IL VA RENTRER À L'ÉCURIE FAIRE DODO!
OUIIIIN
OK, OK...
UNE DERNIÈRE FOIS, ALORS.
HOP!
HUE DADA!
HIIII! PFFF!
TAGADA TAGADA...
PFFF...
TAGAD...
PFFF...
BÉBÉRENICE, JE... JE PEUX PLUS, LÀ!
DAAA!
PFFff...
OUI, COINCÉ DEPUIS TROIS JOURS. LE STRESS, PEUT-ÊTRE...
...J'AI PARFOIS L'IMPRESSION QUE TOUTE LA FAMILLE REPOSE SUR MOI!

OUF !
MMM...
YAAA !
RAAAH !
MPFFF !
HA HA !
♫ AHORA SABES QUE ? YO NO ENTIENDO ♫ ♫ LO QUE PASA ! ♫
ZAP !
PFFF ! C'EST L'HEURE DE MON ÉMISSION !
J'AI DÉGAINÉ LA PREMIÈRE !
FFFF !
VIOLETTA ! TU AIMES LÉON ?

CINEMA
TROIS PLACES POUR "JACK ET LES HARICOTS MALÉFIQUES" !
JEFF STONE IS JACK VS THE MALEFIC BEANS
VOUS VOUDREZ DU POPCORN ?
OUIIII ! UN GROS POT !
HÉ, P'PA, C'EST VRAI QUE T'AS DÉJÀ RENCONTRÉ L'ACTEUR ?
JEFF STONE
OUI, ON ÉTAIT AU MÊME COURS DE THÉÂTRE !
TU CONNAIS JEFF STONE ? OUAAAH !
EN VRAI, IL S'APPELLE JEAN-PHILIPPE CAILLOU. ON A UN PEU TRAVAILLÉ ENSEMBLE, AU DÉBUT !
TROP LA CLASSE !
QUAND IL EST PARTI TENTER SA CHANCE EN AMÉRIQUE, OÙ IL AVAIT QUELQUES CONTACTS, IL M'AVAIT MÊME PROPOSÉ DE L'ACCOMPAGNER !
QUOI ?!!
TU VEUX DIRE QUE T'AURAIS PU DEVENIR UNE STAR AMÉRICAINE, TOI AUSSI ?
QUI SAIT ?
POPCORN
T'IMAGINES ? ON HABITERAIT UNE VILLA DE LUXE À BEVERLY HILLS !
AVEC PISCINE ET TERRAIN DE BASKET PRIVÉ !
POP CORN
VOUS SAVEZ, LA VIE DE STAR, CE N'EST PAS TOUJOURS ROSE... ENTRE LES TOURNAGES ET LA PROMO, VOUS NE ME VERRIEZ JAMAIS À LA MAISON !
LE RÊVE !
C'EST CLAIR !
CROUNCH CROUNCH CRUNCH...
IL AURAIT QUAND MÊME PU NOUS LAISSER LE POPCORN !

ALORS VOYONS ...
BIENVENUE CHEZ GYM TONIC, LE COACH VIRTUEL QUI VOUS GARDE EN FORME !
BLUB
LE BRAS BIEN TENDU...
MMFFF !
... ON NE FAIBLIT PAS !
ON GARDE LE RYTHME !
JAMBE DROITE, JAMBE GAUCHE ...
HAN !
HAN !
LES GENOUX BIEN HAUT ! HOP HOP !
PUF !
PUF !
PLUS VITE ! UNE... DEUX... UNE...
GNNN !
ON TIENT LA POSE ...
RAAAH !
... DEUX MINUTES.
C'EST BIEN.
TRENTE SECONDES DE RÉCUPÉRATION.
PFFFFF ...
T'AS PAS VU DAD ?
DANS SA CHAMBRE, JE CROIS ...
INSPIREZ ...
RRRR ...
EXPIREZ ...
ZZZZ ...
DAD, IL A UN COACH DE SIESTE.
QUELLE FEIGNASSE !

OUI, M'MAN, ÇA VA, ÇA VA.
JE TRAVAILLE MES COURS, J'AI PAS MAL D'EXAMENS BIENTÔT ...
OUI, PAPA EST LÀ. IL... TRAVAILLE AUSSI.
RRZZZ ...
TU VEUX LUI PARLER ?
DAAD!
RNFL?
TÉLÉPHOONE!
TU LE CONNAIS, IL EST TELLEMENT CONCENTRÉ DANS CES MOMENTS-LÀ ...
BISES MOM !
HEY DUDE
BONJOUR CATHY... OUI, JE... J'ÉTAIS EN TRAIN DE ...
GRAT GRAT
... RÉPÉTER UN RÔLE.
QUOI ?
TU CHERCHES QUELQU'UN POUR UNE ANIMATION, ET TU PENSAIS À MOI ?
MAIS ENFIN, JE SUIS COMÉDIEN, PAS RIGOLO DE SERVICE !
NON, C'EST PAS PAREIL !
DE TOUTE FAÇON, JE N'AI PAS UNE MINUTE À MOI EN CE MOMENT.
OUI, DES RENDEZ-VOUS POUR LA TÉLÉ, LE CINÉMA ...
TANT MIEUX SI TA CARRIÈRE REBONDIT.
ON VA POUVOIR REPARLER DE L'ÉNORME PENSION ALIMENTAIRE QUE JE TE VERSE POUR PANDORA !
36e FÊTE DE LA PATATE
NE PARTEZ PAS SANS FILMER NOTRE MASCOTTE !
La frite rit
FRITES

PANDORA, TU VEUX FAIRE DU TOBOGGAN ?
NAN!
C'EST RIGOLO, TU SAIS.
YOUPiii!
TU VOIS !
TU AS DÉPASSÉ LE STADE DU BAC À SABLE, C'EST BIEN, TU GRANDIS.
JE MONTRAIS À PANDORA COMMENT FAIRE DU TOBOGGAN.
C'EST VRAI, C'EST TELLEMENT COMPLIQUÉ.
C'EST PARCE QU'ELLE SAIT PAS S'AMUSER. TOUJOURS SÉRIEUSE.
AH...
ET UN SALE CARACTÈRE.
PAS SÛR QUE ÇA VIENNE DE MOI, ÇA !
C'EST PAS COMME LES LUNETTES...
EN TOUT CAS, ELLE LES SUPPORTE BIEN. ELLE RESSEMBLE À UN PETIT PANDA.
MMH... JE DÉTESTAIS QUAND TU M'APPELAIS COMME ÇA AU LYCÉE.

ET LE BOULOT ?
EN FAIT, HEU...
...JE T'AI APPELÉE POUR ÇA.
DES PRODUCTEURS AMÉRICAINS M'ONT REPÉRÉ DANS "LE FEU DANS LA GLACE" ET VEULENT ME RENCONTRER POUR UNE SITCOM !
AH.
C'EST BIEN ?
CATHY ! C'EST HOLLYWOOD ! LE RÊVE DE TOUT ACTEUR !
AU LYCÉE, TON RÊVE, C'ÉTAIT SHAKESPEARE.
OUI, BON. ON PEUT CHANGER.
ET PANDORA ?
JE PENSAIS QUE TU POURRAIS T'EN OCCUPER. DEUX, TROIS SEMAINES, LE TEMPS DE VOIR.
SI TU ME LA LAISSES, JE RÉCUPÈRE SA GARDE.
QUOI ?
MAIS... TU N'EN VOULAIS MÊME PAS !
TU DISAIS... TES ÉTUDES, TA CARRIÈRE !
ON PEUT CHANGER.
JE REVIENDRAI LA CHERCHER DÈS QUE JE POURRAI !
ET L'EMMENER À DES MILLIERS DE KILOMÈTRES ?
JE SAIS QUE MA FIBRE MATERNELLE EST MOYENNEMENT ÉLEVÉE, MAIS QUAND MÊME...
FAIS COMME TU VEUX. MAIS SI TU PARS, C'EST SANS ELLE. JE SAURAI ME DÉBROUILLER.
ET COMMENT ?
LES FEMMES PEUVENT FAIRE PLUSIEURS CHOSES À LA FOIS, C'EST CONNU.
BIP !
BOARF...

OUI. LE COURS DE DROIT N'A PAS COMMENCÉ ?
OK, J'ARRIVE.
AU REVOIR MON BÉBÉ.
À BIENTÔT.
MAMA ?
QUOI DADA ? TU VEUX JOUER AU DADA ?
DADA !
DADA.
ALLEZ, MONTE !
DADA !
HUE DADA !
DADA !
DA DA.
ON SE POSE UN PEU...
DADA !
MOI, DADA ?
NON, MOI C'EST PAPA !
DADA !
PA-PA !
DADA !
BON. COMME TU VEUX.
ON RENTRE À LA MAISON, PETIT PANDA ?
NAN !
55

PANDORA ! UN SOURIRE À PAPA ?
NAN!
HA HA HAA!
HI HI!
ELLE ÉTAIT PAS COMMODE, PANDA, QUAND ELLE ÉTAIT PETITE !
ÇA N'A PAS BEAUCOUP CHANGÉ...
HA HA...
TROP LOL...
ALLEZ, AU LIT, LES FILLES ! DEMAIN, ÉCOLE !
ET MOI JE RETOURNE RÉVISER ...
J'AIME BIEN REGARDER LES VIEILLES VIDÉOS, C'EST RIGOLO !
EH, C'EST PAS SI VIEUX !
BEN... T'AVAIS QUAND MÊME PLUS DE CHEVEUX ET MOINS DE GROS VENTRE.
MMH ...
ET PUIS PANDA, C'EST UNE ADULTE MAINTENANT...
BONNE NUIT, MON BÉBÉ ! NE TRAVAILLE PAS TROP...
PFF ...
'NUIT.
TUD
PANDORA ! UN SOURIRE À PAPA ?
NAN!
47

OUVERTURE DE LA FÊTE DE LA PATATE
Comme le veut la tion, les sept cents bénévoles de la Po de terre en fête on conviés, vendredi la salle des fêtes, p les récompenser de participation à ce g rendez-vous incont able de notre ville. L'occasion,pour madame le maire, de dresser le bilan festivités. Bien que comptes ne soient encore tout à fait a la maire s'est mont isfaite des résultats l'édition 2014. L'évocation des te forts de la fête a é casion de déverse pluie de félicitat
La sympathique mascotte qui a fait la joie des petits... et des plus grands !
Ingrédients Pot-au-feu
1,5 kg de viande le bœuf
5 carottes
2 poireaux
4 Navets
Celeri
Oignon - Ail
Non! Pas le pote au feu!
BONNE FÊTE PAPA
-Chips
-tomates
-Jus de fruits
Cola!
-Lessive
Couches!
-coton
-Shampoing coloriant ondine
-pansements
-bananes
-PQ - sopalin
-Yaourts au chocolat
Pizzas
Salade
Non! Patates pour frites
Je t'embrasse et des bisous à mes sœurs
JE T'AIME
Diplôme du super papa
décerné à
dad
Mon papa t'es le plus costaud le plus beau, le plus rigolo, le plus sympa, t'es vraiment trop au fait, tu me files cinquante euros ?
de la part de
Panda
Ondine
Roxane
Dr Laurence Bellame
Spécialiste en médecine générale
Consultations sur rendez-vous du mardi au samedi
Clinique Saint-Pierre 12 rue de la